VENTE
D'ESTAMPES

DE L'ÉCOLE FRANÇAISE DU XVIIIE SIÈCLE

IMPRIMÉES EN NOIR ET EN COULEUR

EAUX-FORTES ET LITHOGRAPHIES MODERNES

PAR SUITE DE DÉCÈS

DE FEU M. M***

ARTISTE-DESSINATEUR

Hôtel des commissaires-priseurs, rue Drouot, 9

SALLE N° 6, AU PREMIER ÉTAGE

Les Mardi 4 *et Mercredi* 5 *Avril* 1882

A UNE HEURE ET DEMIE

Par le ministère de Me **MAURICE DELESTRE**, commissaire-priseur

RUE DROUOT, 27

Assisté de MM. **DANLOS** Fils et **DELISLE**, marchands d'estampes

QUAI MALAQUAIS, 15

CONDITIONS DE LA VENTE

Elle sera faite au comptant.

Les acquéreurs paieront cinq pour cent en sus des enchères.

MM. Danlos fils et Delisle, chargés de la direction de la vente, se réservent la faculté de diviser ou de rassembler les lots.

ORDRE DES VACATIONS

1re vacation	le *Mardi*	4 *Avril*	—	Numéros	1 à 245.
2e	—	*Mercredi* 5	—	—	246 à la fin.

DÉSIGNATION

ALIBERT (à Paris chez).

1. Le Sommeil interrompu. — Très belle épreuve. Grande marge.

AVELINE (P.).

2. Jean-Baptiste Monoyer, peintre de fleurs. — Comte de Berghe, par Demarcenay. — Portrait de femmes d'après Largillière. — Paule de Gondy, par Duflos. Quatre pièces. — Belles épreuves.

BAPTISTE (d'après).

3. Vases de Fleurs, par Poilly. — Grande plante de blé de Turquie. Trois pièces. — Belles épreuves.

BARTOLOZZI (F.).

4. Vénus au Bain. — Nymphe au Bain. Deux pièces d'après Cipriani. — Belles épreuves.

5. Les Grâces au Bain. — Vénus et Adonis. — La Vigilance. — Vénus couchée, d'après Cipriani. Quatre pièces imprimées en bistre. — Belles épreuves.

BAUDOUIN (d'après P.).

6. Les Amants surpris, par P. Choffard (E. B. 3). — Très belle épreuve.

7. Les Amours champêtres, par P. Choffard (7). — Très belle épreuve.

8. Annette et Lubin, par N. Ponce (9). — Très belle épreuve. Petite marge.

9. Le Couché de la Mariée, par J. Moreau le jeune (16). — Très belle épreuve.

10. Le Curieux, par P. Maleuvre (17). — Très belle épreuve.

11. L'Épouse indiscrète, par De Launay (21). — Très belle épreuve.

12. Le Jardinier galant, par Helman (25). — Très belle épreuve.

13. Le léger Vêtement, par Chevillet (29). — Très belle épreuve.

14. Le Lever, par V.-M. Picot, contre-partie de l'estampe de Massard. — Belle épreuve.

15. Marchez tout doux, Parlez tout bas, par P. Choffard (30). — Superbe épreuve.

16. Le Soir, par E. de Ghendt (32). — Très belle épreuve.

17. La Sentinelle en défaut, par De Launay (44). — Très belle épreuve.

18. Les Soins tardifs, par De Launay (45). — Très belle épreuve. Petite marge.

BOILLY (d'après L.).

19. L'Amant favorisé, par Chaponnier. — Honny soit qui mal y pense, par Bonnefoy. Deux pièces. — Belles épreuves.

BOREL (d'après A.).

20. L'Innocence poursuivie par l'Amour, par Avril. — Très belle épreuve. Petite marge.

BOUCHARDON (E.).

21. Vénus corrigeant l'Amour, par Fessard. — Très belle épreuve.

BOUCHER (d'après F.).

22. Les Amants surpris, par Gaillard. — Très belle épreuve. Marge.

23. L'Amour privé, par Flipart. — Très belle épreuve.

24. L'Amour désarmé, par Et. Fessard (dédié à Madame de Pompadour). — Belle épreuve. Marge.

25. Les Amours pastorales, par Cl. Duflos. — Très belle épreuve.

26. L'Amour simple. — Les Grâces naturelles. Deux pièces gravées par Henriquez. — Belles épreuves.

27. Les Amusements de la Campagne, par J. Daullé. — Belle épreuve.

28. Les Bacchantes endormies, par R. Gaillard. — Très belle épreuve.

29. La Baigneuse surprise, par J. Daullé (dédié à Madame de Pompadour). — Superbe épreuve avec marge.

30. La belle Cuisinière, par P. Aveline. — Très belle épreuve. Marge.

31. Le Berger prévoyant, par J. Aliamet. — Belle épreuve.

32. Les Charmes de la Vie champêtre, par J. Daullé. — Vénus et les Amours, par Gaillard. Deux pièces. — Belles épreuves.

33. La Courtisane amoureuse, par De Larmessin. — Très belle épreuve avant l'adresse de Buldet.

34. La Dormeuse, par J. Michel. — Très belle épreuve. Grande marge.

35. Elle mord à la Grappe, par J. Pasquier. — Très belle épreuve.

36. L'Enlèvement d'Europe. — Le Repos de Diane. Deux pièces faisant pendants, gravées par Pelletier. — Très belles épreuves.

37. Le Fleuve Scamandre, par De Larmessin. — Très belle épreuve avant l'adresse de Buldet.

38. La Marchande d'Œufs. — La Souffleuse de Savon. Deux pièces, par J. Daullé. — Très belles épreuves.

39. Les Muses Clio et Érato. Deux pièces dédiées à Madame de Pompadour, gravées par J. Daullé. — Très belles épreuves.

40. Pastorales, par Huquier. Quatre pièces. — Belles épreuves.

41. Les quatre Éléments. Compositions d'enfants dans des ovales, gravées par J. Daullé. — Très belles épreuves.

42. Vénus tranquille, par Duflos. — Très belle épreuve.

43. Vénus et l'Amour, par J. Daullé. — Belle épreuve.

44. Vénus et l'Amour couchés, par M. Aubert. — Vénus endormie. Deux pièces. — Belles épreuves.

45. Vénus couronnant l'Amour. — Érigone. Deux pièces, par P. Aveline. — Belles épreuves.

46. Vertumne et Pomone, par Aug. Saint-Aubin. — Très belle épreuve. Grande marge.

47. Le Retour de la Chasse. — Pescheurs. — L'Aumône. — L'Eau. Quatre pièces, sujets d'enfants, par Huquier et Duflos. — Belles épreuves.

48. Panneau de rocaille, par Duflos. — Très belle épreuve.

49. Vue des environs de Beauvais, par Le Bas. — La Baraque, par Basan. — Le Trébuchet, par Huquier. Trois pièces. — Belles épreuves.

50. Buste de jeune Fille vue de trois quarts, par L. Bonnet. A la manière du pastel. — Très belle épreuve.

51. Jupiter et Danaé, par L. Bonnet. A la manière du pastel. — Très belle épreuve.

52. L'Amour et les trois Grâces, par Demarteau, n° 347. Aux trois crayons. — Très belle épreuve.

53. L'Amour prie Vénus de lui rendre ses Armes, par L. Bonnet. Aux trois crayons. — Très belle épreuve. Grande marge.

54. Bustes de jeunes Filles, par Demarteau, n° 151 et 217. Deux pièces. — Très belles épreuves. Grandes marges.

55. Buste de jeune Fille vue de face, par L. Bonnet. Aux trois crayons. — Très belle épreuve.

56. Homme et Femme jouant de la flûte, par Demarteau, n° 551. Aux trois crayons. — Très belle épreuve.

57. Hercule et Omphale, par Demarteau, n° 578. Aux trois crayons. — rès belle épreuve.

58. Jeune Fille coiffée à l'Italienne. Aux trois crayons. — Belle épreuve.

59. Satyre surprenant Vénus couchée, par Demarteau, n° 477. Aux trois crayons. — Belle épreuve.

60. Vénus à la Colombe, par L. Bonnet. Aux trois crayons. — Très belle épreuve.

61. Vénus aux Colombes, par L. Bonnet. Aux trois crayons. — Très belle épreuve. Grande marge.

62. Vénus caressée par les Amours. — Vénus surprise par l'Amour. Deux pièces, par L. Bonnet. Aux trois crayons. — Belles épreuves.

63. Vénus debout enveloppée d'une draperie, par L. Bonnet. Aux trois crayons sur fond bleu. — Très belle épreuve. Grande marge.

64. Vénus désarmée par les Amours, par Demarteau, n° 379. Aux trois crayons. — Belle épreuve.

65. Vénus et l'Amour, par Demarteau, n° 488. Aux trois crayons. — Belle épreuve.

66. Jeune Bergère endormie, par Demarteau, n° 137. A la sanguine. — Belle épreuve.

67. Berger surprenant une Bergère nue, par Demarteau, n° 61. A la sanguine. — Très belle épreuve.

68. Bergère endormie. — Berger et Bergère au repos, par Demarteau, n°s 111 et 112. A la sanguine. Deux pièces. — Très belles épreuves.

69. Jeune Femme nue assise sur un lit de repos, tenant des fleurs, par Demarteau. A la sanguine. — Très belle épreuve. Marge.

70. Jeune Fille tenant une corbeille de fleurs, par Demarteau. n° 101. A la sanguine. — Belle épreuve.

71. Les Grâces et les Amours. Quatre pièces par Demarteau. A la sanguine. — Belles épreuves.

72. Le Sommeil interrompu, par L. Bonnet. A la sanguine. — Très belle épreuve. Marge.

73. Vénus assise sur une butte, par Demarteau. A la sanguine. — Superbe épreuve avant toutes lettres.

74. Vénus endormie, par Demarteau, n° 161. A la sanguine. — Très belle épreuve. Petite marge.

75. Vénus donnant une grappe de raisin à l'Amour, par Demarteau. Pièce ovale. — Très belle et rare épreuve avant la lettre.

76. Vénus reposant près de l'Amour, par Demarteau. A la sanguine. — Très belle épreuve. Marge.

77. Vénus et l'Amour couchés sur un lit de repos, par Demarteau, n° 46. A la sanguine. — Très belle épreuve.

78. Vénus et les Amours couchés, par Demarteau, n° 47. A la sanguine. — Belle épreuve.

79. Les Grâces et les Amours, par Saint-Non. Au bistre. — Belle épreuve.

BOWLES (C.).

80. Paul Purcanti et sa femme (un accepte honnête mais simple). — Très belle épreuve. Marge.

CARESME (d'après Ph.).

81. La petite Thérèse, par J. Couché. — Belle épreuve. Marge.

82. La joyeuse Orgie, par A. Hemery. — Belle épreuve. Marge.

83. Le Refus inutile, par Flipart. — Belle épreuve.

84. Le Satyre impatient, par J. Anselin. — Très belle épreuve. Petite marge.

85. Satyre découvrant une Nymphe endormie, imprimé en couleur. — Très belle épreuve.

86. Bacchus et Ariane. — Ariane poursuivie par un Satyre, par Demarteau, n°s 542 et 543. Aux trois crayons. — Belles épreuves.

87. Les Plaisirs champêtres, gravé en couleur par Wossinik. — Belle épreuve.

CHALL (d'après).

88. Les Espiègles, par Descourtis. Imprimé en couleur. — Très belle épreuve. Marge.

CHARDIN (d'après (J.-B.-S.).

89. La Blanchisseuse, par C.-N. Cochin. — Belle épreuve.

90. La Maîtresse d'école, par Lépicié. — Très belle épreuve.

91. Sans souci, sans chagrin, etc. (Jeune fille tenant un volant et une raquette), par Lépicié. — Très belle épreuve. Marge.

92. Les Tours de Cartes, par P.-L. Surugue. — Belle épreuve.

COCHIN (d'après).

93. La Soirée, par Gallimard. — Belle épreuve.

CORRÈGE (d'après le).

94. Jupiter et Io. — Belle épreuve avant la lettre.

COUCHÉ.

95. L'Amour quêteur. — L'Amour volage. Deux pièces faisant pendants. — Belles épreuves.

COYPEL (d'après A.).

96. Vénus sur les eaux, par Desplaces. — Très belle épreuve. Grande marge.

97. Bacchus entouré d'une Nymphe et de deux Satyres, par Trouvain. — L'Alliance de Bacchus et de Vénus, par Duverbrec. Deux pièces. — Très belles épreuves.

COYPEL (d'après Ch.).

98. Madame de *** (Monchy), en habit de bal, par L. Surugue. — Très belle épreuve.

99. L'Amour de Village, ou l'Amour naïf, par Lépicié. — Belle épreuve.

DELORME (d'après).

100. Nécessité n'a pas de Loi, par Mlle Papavoine. — Belle épreuve.

DESHAYES (d'après).

101. Érigone vaincue, par P. Levesque. — Très belle épreuve avant la lettre.

102. La Résistance, par Nicollet. — Belle épreuve.

DESRAIS (genre de).

103. Conventions de Mariage. — Le double Engagement. Deux pièces. — Belles épreuves.

DE TROY (d'après).

104. Jupiter et Léda, par Desplaces. — Très belle épreuve avant la lettre.

105. Mademoiselle Loison et l'Amour sur un char, par S. Vallée. — Très belle épreuve.

DIVERS.

106. Bacchanales, par Gillot. — Hermaphrodite, d'après le Poussin. — Danaé, d'après Pierre et Caze. — Vénus et l'Amour, d'après Poggius. Cinq pièces. — Belles épreuves.

107. Érigone, par Demarteau. — Jupiter et Io, par Lecœur. — La Jouissance, d'après Vallin. — Le Bouquiniste en jouissance. — Le Sermon de Village. — Hé c'est l'ami Carême, etc. — Dix pièces imprimées en couleur et coloriées.

108. L'Homme entre deux Ages et ses deux Maîtresses, d'après Leclerc. — La bonne petite Sœur, par Louthenbourg. — Le Siège de Mons, par S. Leclerc. — La Volupté, d'après Greuze, etc. — Seize pièces.

109. La Nymphe Érigone, d'après Jollain. — L'Amant dangereux, d'après Lang. — Vénus et l'Amour, par Adams.

— Les différents Goûts, d'après Fryberg. — Les deux Amoureux, d'après Morlèse, etc. Sept pièces. — Belles épreuves.

110. Le Souper galant. — Jupiter et Léda. — Jupiter en Pluie d'or. — Zéphire et Flore, etc. Neuf petites pièces pour dessus de tabatières, par R. Picart et autres. — Belles épreuves.

111. Estampes de la Galerie du Palais-Royal et autres dont : la Vénus à la Coquille, d'après le Titien, etc. Sept pièces. — Belles épreuves.

112. Paysages par Both, Goyrand, Le Prince, Boissieu. — Le Chirurgien et l'Opérateur, par C. Duxart, etc. Huit pièces. — Belles épreuves.

DREVET (P.).

113. Portrait de H. Rigaud, tenant une palette, d'après lui-même. — Très belle épreuve.

EISEN (d'après Ch.).

114. Les Amusements champêtres. — Les Plaisirs champêtres. Deux pièces, par De Longueil. — Belles épreuves.

115. La Vertu sous la garde de la Fidélité, par Le Beau. — Très belle épreuve.

116. Henri IV et Gabrielle, par de Monchy. — Belle épreuve.

FRAGONARD (J.-H.).

117. Bacchanales. Suite de quatre estampes. — Belles épreuves.

FRAGONARD (d'après J.-H.).

118. Le Baiser à la dérobée, par N. Regnault. — Très belle épreuve avant la lettre.

119. La Cachette découverte. — J'y passerai. Deux pièces faisant pendants gravées par De Launay. — Très belles épreuves.

120. Le Chiffre d'Amour, par De Launay. — Très belle épreuve avec marge.

121. Les deux Baisers, par Marchand. — Très belle épreuve avec marge.

122. Dites donc s'il vous plaît, par De Launay. — Belle épreuve.

123. La faible Résistance. — L'Amant victorieux. — Deux pièces par Le Beau. — Belles épreuves.

124. La Gimblette, par Bertony. — Très belle épreuve du deuxième état, avant la lettre. Avec marge.

125. L'heureuse Union, par De Launay. — Belle épreuve.

126. Le Pot au lait. — Le Verre d'eau. Deux pièces par N. Ponce. — Belles épreuves.

127. Le Serment d'Amour, par J. Mathieu. — Belle épreuve.

FREISTER (D.).

128. Femme jouant de la Guitare, d'après J. Kupezni. Gravé à la manière noire. — Très belle épreuve avant la lettre.

GREEN (V.).

129. Miss Cobben, d'après G. Willison. Gravé à la manière noire. — Très belle épreuve.

GREUZE (d'après J.-B.).

130. La bonne Mère, par L. Cars. — Très belle épreuve, avec marge.

131. L'Écureuse, par Beauverlet. — Belle épreuve.

132. La Marchande de Marrons, par Beauvarlet. — Très belle épreuve.

133. Le petit Polisson, par Le Vasseur. — Belle épreuve.

GRIMOUX (d'après).

134. L'Espagnol, par Blot. — L'Espagnolette, par Lépicié. Deux pièces. — Très belles épreuves.

GUYOT.

135. Vues des environs de Rome, d'après Pernet. Deux pièces ovales imprimées en couleur. — Belles épreuves.

HOIN (d'après).

136. L'Écueil de la Sagesse. — La tendre Amitié. Deux pièces gravées par De Monchy. — Belles épreuves.

HUET (d'après J.-B.).

137. Ce qui est bon à prendre est bon à garder, par Chaponnier. — Superbe épreuve avant la lettre.

138. La Vénus bacchique, par Voisard. — Très belle épreuve.

139. La Déclaration, par Legrand. Imprimé en couleur. — Belle épreuve.

140. La Jarretière, par Bonnet. Imprimé en couleur. — Très belle épreuve. Elle est remargée.

141. Grande Pastorale. Deux Femmes au bain au milieu d'animaux. Imprimé en couleur. — Superbe épreuve d'une grande fraîcheur, avec marge.

142. Leucothoé, charmée de la beauté d'Apollon, se laisse vaincre sans résistance, par Bonnet. Imprimé en couleur. — Belle épreuve.

143. Offrande au Dieu Pan, par Jubier. — Adonis endormi, par Bonnet. Deux pièces imprimées en couleur.

144. Bustes de jeunes Filles. Deux pièces par Demarteau, imprimées en couleur. — Belles épreuves.

145. Jupiter et Danaé, par Demarteau. Aux trois crayons. — Belle épreuve.

146. Satyre surprenant une Nymphe endormie. — Amour pleurant. Deux pièces par Demarteau. Aux trois crayons. — Belles épreuves.

147. Le Mouton chéri. — Les deux Colombes. Deux pièces par Demarteau. Aux trois crayons. — Belles épreuves.

HUET ET CHOFFART.

148. Culs-de-lampes, Arabesques. Cinq pièces.

JANINET (F.).

149. Portrait de Gabrielle d'Estrées. — Superbe épreuve avant toutes lettres.

150. Le Baiser de l'Amour, d'après Doublet. Imprimé en couleur. — Belle épreuve.

151. Le Culte systématique, d'après Carême. Imprimé en couleur. — Très belle épreuve avant la lettre, avec marge.

152. L'Offrande à l'Amour, d'après Lagrenée. Imprimé en couleur. — Superbe épreuve avant toutes lettres.

153. Le Sommeil d'Ariane, d'après Charlier. Imprimé en couleur. — Belle épreuve.

154. Vénus en réflexion, d'après Charlier. Imprimé en couleur. — Très belle épreuve.

155. Les trois Grâces, d'après Pellegrini. — Très belle épreuve avant la lettre et avant la guirlande de fleurs.

156. La Danse au Cabaret. — Cour de Ferme. Deux pièces d'après Ostade. Imprimées en couleur. — Belles épreuves.

KAUFFMANN (d'après A.).

157. La Vestale, par Schultze. — Belle épreuve. Marge.

LA GRENÉE (d'après).

158. La Tourterelle, par Fessard. — Belle épreuve.

LA GRENÉE (et autres).

159. Bacchanales. Trois pièces. — Belles épreuves.

LANCRET (d'après N.).

160. A Femme avare Galant escroc, par De Larmessin (E. B. 2). — Très belle épreuve avant l'adresse de Buldet.

161. Les Charmes de la Conversation par Petit (18). — Très belle épreuve.

162. Dans cette aimable Solitude, etc., par C.-N. Cochin (24). — Belle épreuve.

163. D'un baiser que Tirsis caché dans ces beaux lieux, etc., par S. Silvestre (26). — Très belle épreuve.

164. La Jeunesse, par De Larmessin (45). — Belle épreuve.

165. La Joie du Théâtre, par Crépy (46). — Belle épreuve.

166. La Musique champêtre, par Fessard (52). — Très belle épreuve.

167. L'Occasion fortunée, par G. Scotin (54). — Très belle épreuve.

168. Les Oyes de frère Philippe, par De Larmessin (56). — Belle épreuve avant l'adresse de Buldet.

169. Le petit Chien qui secoue de l'Argent et des Pierreries, par De Larmessin (60). — Superbe épreuve avant l'adresse de Buldet. Grande marge.

170. Le Printemps, par B. Audran. — L'Été, par Scotin. Deux pièces (64). — Très belles épreuves.

171. Quand vous voulez toucher quelque cœur amoureux, etc., par S. Silvestre (65). — Belle épreuve.

172. Récréation champêtre, par Joullain (68). — Très belle épreuve.

173. Les Rémois, par De Larmessin (69). — Très belle épreuve avant l'adresse de Buldet.

174. Le Théâtre Italien, par G.-F. Schmidt (79). — Très belle épreuve.

LAWREINCE (d'après N.).

175. Le Coucher des Ouvrières en Modes. — Le Lever des Ouvrières en Modes, par Dequevauviller. Deux pièces faisant pendants. — Belles épreuves.

LE BEL (d'après).

176. Le Coup de Vent, par A. Girardet. — Belle épreuve.

LE BRUN (d'après).

177. L'Épouse mal gardée, par Dambrun. — L'heureux Ménage par Martini. Deux pièces faisant pendants. — Belles épreuves avec marge.

178. L'Intrigue découverte, par Lebeau. — Le Divertissement de la Nuit, par Dambrun. Deux pièces. — Belles épreuves.

179. Le Maître de Musique. — La Surprise amoureuse. Deux pièces par Lebeau et Coquerel. — Belles épreuves.

LECLERC (d'après).

180. L'Abbé en conquête. — L'Ermite en quête. — Deux pièces par Lebas. — Belles épreuves avec marge.

MARIN (L.).

181. Les Plaisirs de l'Éducation. Imprimé en couleur dans un ovale sur fond d'or. — Très belle épreuve.

MARTINET (chez).

182. Ils se suffisent, composition dans un médaillon orné de fleurs. — Belle épreuve.

183. L'heureux Retour ou le Pardon mutuel. — Belle épreuve.

MOITTE (d'après).

184. Le Jaloux endormi, par Vidal. — Belle épreuve. Marge.

MONDHARE (à Paris chez).

185. Les Amours pastorales. — Le Sabot cassé. Deux pièces faisant pendants. — Belles épreuves.

MONNET (d'après).

186. Les Baigneuses surprises. — Salmacis. — Salmacis et Hermaphrodite. — Renaud et Armide. Trois pièces gravées par Vidal. — Belles épreuves.

MONSIAU (d'après).

187. Érigone, par Cathelin. — Belle épreuve.

MOREAU (J.-M. d'après).

188. Six Vignettes in-4°, pour la *Nouvelle Héloïse*, dont trois avant la pagination. — Portrait de J.-J. Rousseau par Saint-Aubin. — Pygmalion, etc. Dix pièces. — Belles épreuves.

MORIN (J.).

189. La Vierge et l'enfant Jésus, d'après Ph. de Champaigne. — Très belle épreuve.

MULLER (J.).

190. Portrait de Madame Élisabeth Vigée-Lebrun, d'après elle-même. — Belle épreuve.

191. La tendre Mère, d'après Tischbein. — Belle épreuve avec marge.

NATTIER (d'après).

192. Les deux Amants, par Joullain. — Le Chaste Joseph, par Beauvarlet. Deux pièces. — Belles épreuves.

PATER (d'après).

193. Marche comique. — L'Orchestre de Village. Deux pièces par Ravenet. — Belles épreuves.

194. L'Essai du Bain, par Voyez. — Belle épreuve.

PETERS (d'après).

195. La petite Marchande de Carpes, par Levasseur. — Belle épreuve avec marge.

PIERRE (d'après J.).

196. Léda, par Delaunay. — Belle épreuve.

PITRE (d'après).

197. Le célèbre Docteur comte Cagliostro et son aide faisant une opération. Gracieuse petite pièce ovale gravée par Jules et imprimée en bistre. — Belle épreuve.

QUÉVERDO (d'après F.).

198. Les Baigneuses surprises. — Henri IV, Gabrielle et Sully. — Départ pour le Sabbat. Trois pièces, par Dambrun et Maleuvre. — Belles épreuves.

RAMBERG (J.).

199. Marché d'Esclaves. Épreuve coloriée.

RAOUX (d'après J.).

200. Le Rendez-vous agréable, par Beauvarlet. — Belle épreuve.

201. Jeune Fille donnant la becquetée à ses Oiseaux, par Chereau. — La Lecture, par Poilly. — La Leçon de Musique, par Dupuis. Trois pièces. — Belles épreuves.

REGNAULT (N.).

202. Ah! s'il s'éveillait! — Belle épreuve.

ROMANET (A.).

203. Portrait de Mme de Villeneuve Vence de Saint-Vincent. Belle épreuve avec marge.

RUBENS (d'après P.-P.).

204. Bacchus ivre soutenu par un Satyre et par un Maure, par J. Suyderhœf. — Superbe épreuve.

205. Suzanne et les Vieillards. — Silène et des Femmes portant des fruits et du gibier. — Marche de Silène. Bacchus ivre. — La Paix. Cinq pièces par Bolswerk et autres. — Belles épreuves.

RASPÉ.

206. Portrait de la fille de Pesne, coiffée d'un chapeau. — Très belle épreuve avant toutes lettres.

SANTERRE (d'après J.).

207. Suzanne au Bain, par Porporati. — Belle épreuve.
208. Deux Portraits de jeunes femmes tenant un masque, par Chasteau. Belles épreuves.

SAINT-AUBIN (d'après G. de).

209. Comparaison du bouton de rose par Dennel. — H. Forman, d'après Rubens. Deux pièces. — Belles épreuves.

SAINT-AUBIN (A.).

210. Jupiter et Léda, d'après Paul Véronèse. — Très belle épreuve avec marge.

SICARDI (d'après).

211. Oh! che Boccone! par Burke. — Belle épreuve.

STRANGE (R.).

212. Cléopâtre debout, d'après le Guide. — Belle épreuve.
213. Vénus bandant les yeux de l'Amour, d'après le Titien. — Très belle épreuve.

TARAVAL (d'après).

214. Bacchante se préparant à un Sacrifice. — La jeune Ouvrière accablée de sommeil. Deux pièces, par Schultze. — Belles épreuves.

TROOST (d'après).

215. Les deux Amants, par Tanjé. — Très belle épreuve avant toutes lettres, avec marge.

VIÊN (Jos.).

216. Loth et ses Filles. — Très belle épreuve. Rare.

217. *Vignettes*, d'après Desrais, Eisen, Gravelot, Monsiau, Monnet. Vingt-cinq pièces, dont quatre avant la lettre. — Très belles épreuves.

VISSCHER (C.).

218. Buste de Femme, d'après le Parmesan. — Belle épreuve.

VLEUGHELS (d'après N.).

219. Frère Luce. — La Jument du compère Pierre. Deux pièces par De Larmessin. — Belles épreuves avant l'adresse de Buldet.

WATTEAU (d'après Ant.).

220. Les Agréments de l'Été, par Joulain. — Très belle épreuve avec marge.

221. L'Amante inquiète, par P. Aveline. — Très belle épreuve avec marge.

222. L'Amour au Théâtre Français, par C.-N. Cochin. — Très belle épreuve avec marge.

223. Les Amusements de Cythère, par Surugue. — Très belle épreuve.

224. Belle, n'écoutez rien, etc. — Pour garder l'honneur d'une belle, etc. Deux pièces par Cochin. — Très belles épreuves.

225. Bon Voyage, par B. Audran. — Le Bain, par Aliamet. — L'Aventurière, par Crépy. Trois pièces. — Belles épreuves.

226. Le Concert champêtre, par B. Audran. — Très belle épreuve.

227. La Conversation, par M. Liotar. — Très belle épreuve avec marge.

228. Coquettes qui pour voir Galants au rendez-vous, etc., par Thomassin. — Très belle épreuve. Grande marge.

229. Diane au Bain, par P. Aveline. — Très belle épreuve.

230. La Diseuse d'aventure, par Cars. — Belle épreuve.

231. Du bel âge où les jeux remplissent vos désirs, etc., par Moyreau. — Pour nous prouver que cette belle, par L. Surugue. Deux pièces. — Belles épreuves.

232. Les Entretiens badins, par B. Audran. — Très belle épreuve.

233. La Famille, par P. Aveline. — Très belle épreuve.

234. Fêtes Vénitiennes, par L. Cars. — Superbe épreuve avec marge.

235. Les Jaloux, par G. Scotin. — Très belle épreuve.

236. Pomone, par Boucher. — Très belle épreuve.

237. Le Mai. Charmante pièce gravée à l'eau-forte. — Belle épreuve.

238. Le Rendez-vous. — La Rêveuse. Deux pièces par Audran et Aveline. — Belles épreuves.

239. Retour de Chasse, par B. Audran. — Très belle épreuve.

340. La Sérénade Italienne, par G. Scotin. — Très belle épreuve avec marge.

241. La Sultane, par B. Audran. — Belle épreuve. Grande marge.

242. La Troupe Italienne. — Sous un habit de Mezetin. Deux pièces. — Belles épreuves.

243. Voulez-vous triompher des belles, etc., par Thomassin. — Très belle épreuve avec marge.

WILLE (J.-G.).

244. Les Musiciens ambulants, d'après Dietricy. — Belle épreuve.

WILLE (fils d'après).

245. L'Essai du Corset, par Dennel. — Belle épreuve.

ESTAMPES ET LITHOGRAPHIES

AUBRY-LECOMTE.

246. Danaé, Érigone, d'après Girodet. — La Fortune, par Gilbert. Trois pièces. — Belles épreuves avant la lettre sur chine.

APPIAN.

247. Le Lac, la Mare, vues des environs des Creys, du lac du Bourget, etc. Dix pièces. — Belles épreuves.

AUDOUIN (P.).

248. Vénus se retirant une épine du pied, d'après Raphaël. — Très belle épreuve avant la lettre.

249. Jupiter et Antiope, d'après le Corrège. — Très belle épreuve.

250. Il n'est plus temps, d'après Bouillon. — Très belle épreuve avant la dédicace.

BLERY (E.).

251. Grands et Petits Paysages, étude de Chardons. Dix pièces sur chine. — Très belles épreuves.

BODHMER (K.).

252. Sous bois. — Un coin de Jardin. — Cerf de dix-cors. — Biche et Faon, etc. Huit pièces lith. — Très belles épreuves.

BRACQUEMOND.

253. Le Haut d'un battant de porte, Paysages, d'après Corot. Canarde dans un étang. — La Bergerie, etc. Seize pièces. — Belles épreuves.

CALAMATTA (L.).

254. Françoise de Rimini, d'après Ary Scheffer. — Très belle et ancienne épreuve sur chine.

CALAME (A.).

255. Intérieur de Forêt. — Très belle épreuve avant la lettre. Encadrée.

256. Paysages. Trois pièces à l'eau-forte. — Belles épreuves, sur chine.

257. Sites variés de Paysages des Alpes. Dix-huit pièces lith. — Belles épreuves.

CHAPLAIN (CH.).

258. Études de jeunes Filles. — Portraits de Ziem. — Célestin Nanteuil. — Le Gardeur de porcs, etc. Dix pièces à l'eau-forte. — Belles épreuves.

CHAPLAIN, DIAZ ET AUTRES (d'après).

259. Vénus pleurant l'Amour mort. — Danaé. — Portrait de Mademoiselle Georges, etc. Dix pièces lith. — Très belles épreuves.

CHAPLIN.

260. L'Embarquement pour Cythère, d'après Watteau. — Très belle épreuve. Encadrée.

CHAUVEL (CH.).

261. Le Printemps. — Effet de Neige. — Souvenirs de Berri. Une Mare. — Forêt de Fontainebleau. Quatorze pièces. Belles épreuves.

COLLINOT ET DE BEAUMONT.

262. Recueil de dessins pour l'Industrie. Paris 1859. Soixante deux pl. in-f° en portefeuille.

COURTRY, GAILLARD, HÉDOUIN, ETC.

263. Portraits. — L'Almée. — Marché d'Esclaves. — Paysages. — Belles épreuves.

DAUBIGNY.

264. Le Buisson. — Le Coup de Soleil. — Le Gué. — Parc à Moutons. — L'Arbre aux Corbeaux. — Les Pommiers. Six pièces à l'eau forte. — Belles épreuves.

265. Paysages. — Animaux. Neuf pièces à l'eau-forte. — Belles épreuves.

266. Peintre dans son atelier. — L'Éclaircie. — Le Printemps. — Berger et son Troupeau. — Études d'arbres, etc. Douze pièces à l'eau-forte. — Très belles épreuves sur chine.

DAUMIER (H.).

267. Rue Transnonain, le 15 avril 1834. — Très belle épreuve.

268. Robert Macaire. — Mœurs conjugales. — Actualités, etc. Vingt-trois pièces, dont seize coloriées.

DAUMIER ET AUTRES.

269. La Caricature. Douze pièces.

DECAMPS (G.).

270. L'Anier. — Corps de Garde Turc. — Une École en Turquie par H. Dupont. Trois pièces. — Très belles épreuves sur chine.

271. Caricatures politiques sur la Révolution de 1830. Six pièces lith. — Belles épreuves.

DECAMPS (par et d'après).

272. Le Chenil. — Le Dromadaire. — Les Enfants peureux, sujets pour l'artiste. — Samson. — Le Lac. — La Roche-qui-Pleure, par E. Leroux et Mouilleron. — Singe peignant, par Soulange Teissier, etc. Dix-huit pièces lith. — Belles épreuves.

DELACROIX (Eug.).

273. Faust et Marguerite. Neuf pièces, dont deux sur chine. — Très belles épreuves.

274. Hamlet. — Jane Shore. Deux pièces, sur chine. — Très belles épreuves.

275. Lion de l'Atlas. — Tigre Royal. Deux pièces. Très belles épreuves du premier état.

276. Lion dévorant un Cheval. — Saint Sébastien, et autres, par E. Leroux. Quatre pièces. — Belles épreuves.

DELACROIX (d'après).

277. La Barque du Dante, par E. Lasalle. — Très belle épreuve avant toutes lettres, sur chine. Encadrée.

278. Médée, par E. Lasalle. — Très belle épreuve. Encadrée.

DIVERS.

279. Les Artistes contemporains, par H. Baron, L. François, E. Leroux, A. Mouilleron, C. Nanteuil, Gavarni, etc. 168 planches en sept Albums in-f°. — Très belles épreuves.

280. Un album renfermant 153 pièces par Baron, Chaplin, Diaz, Gavarni, Decamps, Rousseau, etc. — Très belles épreuves.

281. Un Album renfermant 182 pièces par Ch. Jacque, Daubigny, Lalanne, Flameng, Ribot, Veyrassat, etc. — Très belles épreuves.

282. Les Artistes contemporains de la collection Ad. Moreau 1851. Vingt-trois pièces par Anastasi, E. Leroux, Rosa Bonheur, Sirouy, etc. — Belles épreuves.

283. Douze pièces, par Bonnington, Charlet, Giricault, E. Isabey, H. Vernet. — Belles épreuves.

284. Vingt pièces par L. Bonnat, Devéria, Bida, C. Nanteuil, etc., tirées de l'*Artiste*.

285. Quarante-cinq pièces, Paysages, de l'*Artiste*, les Artistes contemporains, par Daubigny, Marilhat, Rosa Bonheur, Rousseau, Troyon, etc. — Belles épreuves.

DORÉ (G.).

286. L'Enfer, soixante-quatorze planches, sur chine. — Les Artistes contemporains : Baron, Chaplain, Isabey, Guignet, etc. Trente-cinq pièces. Ensemble 109 fr., en 1 vol. In-f° obl. dem.-rel., tr. dorée. — Très belles épreuves.

FAUCHERY (A.).

287. La Joconde, d'après Léonard de Vinci. — Très belle épreuve avant la lettre.

FLAMENG (L.).

288. Jésus guérissant les Malades, d'après Rembrandt. Belle épreuve.

289. Les Baisers, d'après Fragonard, sujets d'après Prud-hon, etc. Neuf pièces. — Belles épreuves.

290. Vues de Paris, sujets pour la *Gazette des Beaux-Arts*, etc. Dix pièces.

291. Portraits d'après Hals, Rembrandt, Velasquez, etc. Douze pièces. — Belles épreuves.

FORTUNY.

292. Idylle. — La Victoire. — Le Papillon, par Champollion. Trois pièces. — Belles épreuves.

FRANÇOIS (Alph.).

293. Naissance de Vénus, d'après Cabanel. — Belle épreuve sur chine.

FRANÇOIS (J.).

294. Hébé, d'après Ary Scheffer. — Belle épreuve sur chine.

GAVARNI.

295. La Boîte aux lettres. — Les Lorettes. — Œuvres nouvelles. — L'Artiste, etc. Quarante-six pièces. — Belles épreuves.

296. Masques et Visages, d'après nature. — Les Parisiens, etc. Quarante pièces. — Belles épreuves.

297. La Chanson de table. — Belle épreuve sur chine. Encadrée.

GILBERT (A.).

298. Le Jeune et le Vieux Bacchant et une Nymphe. — Très belle épreuve, avant toutes lettres, sur chine. Encadrée.

299. Intérieurs hollandais, d'après Ostade. — Nature morte, Portraits. Neuf pièces. — Belles épreuves.

HENNER, ROYBET, ETC.

300. Suzanne au bain. — La Madelaine. — Les Joueurs de trictrac, etc. Dix pièces. — Belles épreuves.

HÉRAU, LEPIC, ETC.

301. Animaux. — Paysages. Douze pièces. — Belles épreuves.

HUET (PAUL).

302. Études de Paysages. Six pièces. — Très belles épreuves sur chine.

JACQUE (CH.).

303. La Bergerie. — Superbe épreuve avant toutes lettres sur chine; signée de l'auteur. Encadrée.

304. Les Chanteurs. — Le Soir. — L'Abreuvoir. — Paysage d'après Van der Neer. — Chaumières, etc. Huit pièces. — Très belles épreuves sur chine.

305. Intérieurs. — Cours de Ferme. — La Femme au Puits. — La Laveuse, etc. Onze pièces. — Très belles épreuves sur chine.

306. Troupeau de Bœufs à l'Abreuvoir. — Troupeau de Porcs. — Cour de Ferme. — Poulailler, etc. Onze pièces sur chine et blanc. — Très belles épreuves.

307. La Poésie dans les Bois. — Le Fumeur. — Le Rémouleur. — Abraham et Agar. — La Forge, etc. Douze pièces. — Belles épreuves.

308. Petits Paysages. — Chaumières, etc. Quinze pièces. — Belles épreuves.

309. Le Hameau. — Pêche au Chardon. — Le Matin du premier de l'An. — Les Saisons. — Scènes rustiques. — Paysages. Vingt-quatre pièces sur chine. — Belles épreuves.

310. Sujets pour l'Artiste. — La Maréchalerie. — Chaumière bourguignonne. — La Souricière. — Têtes de vieillards, etc. Vingt et une pièces. — Belles épreuves.

JACQUEMART (J.).

311. Portraits d'après Ant. Moro, Hals, Rembrandt, Reynolds. — Fleurs, etc. Quatorze pièces. — Belles épreuves.

LAGUILLERMIE, DIDIER, ETC.

312. Portraits d'après Hals, Rembrandt et Velasquez. Dix pièces. — Belles épreuves,

LALANNE ET AUTRES.

313. Paysage d'après nature. — Vues, etc. Quatorze pièces. — Belles épreuves.

LEMUD (A. DE).

314. Maître Wolfframb. — Hélène Adelsfreit. Deux pièces. Très belles épreuves.

315. Les Dénicheurs. — Les Maraudeurs. — Enfance de Callot. Trois pièces. — Très belles épreuves.

LE POITEVIN.

316. Les Diableries lithographiques. Douze pièces. — Belles épreuves.

LE RAT, LLOVERA, ETC.

317. La Plaza de Toros. — Remords. — Portraits, etc. Huit pièces. — Belles épreuves.

LE ROUX.

318. Léda, d'après Léonard de Vinci. — Belle épreuve.

LIGNON (F.).

319. Mademoiselle Mars, d'après Gérard. — Belle épreuve.

LORICHON (C.).

320. Mariage mystique de sainte Catherine, d'après le Corrège. — Belle épreuve sur chine.

MARVY (L.).

321. Paysages, d'après Rembrandt, Rousseau, Diaz, etc. Seize pièces. — Belles épreuves.

MASSARD (R.).

322. Attila, d'après Girodet. — Très belle épreuve avant la lettre.

MERCURY (P.).

323. Les Moissonneurs, d'après L. Robert. — Belle épreuve.

MERYON.

324. Le petit Pont. — La Pompe Notre-Dame. — La Tour de l'Horloge. Trois pièces. — Belles épreuves.

MILLET (d'après).

325. Les douze Mois de l'Année, gravé sur bois par A. Lavieille. — Belles épreuves.

MONNIER (H.).

326. Vue d'une Baraque, 1830. — Épreuve coloriée.

MORGHEN (R.).

327. La Vierge à la Chaise, d'après Raphaël. — Belle épreuve.

MOUILLERON (A.).

328. André Vesale. — Stradivarius. Deux pièces d'après E. Hamman. — Très belles épreuves.
329. L'Écu de France, d'après Isabey. — École Juive, d'après Robert Fleury. Deux pièces. — Très belles épreuves.
330. Art et Liberté. — Rembrandt. — L'Archet brisé. — L'Air. Francesca et Paolo passant aux Enfers. — Sujets d'après Diaz, Guignet, Stevens. — Titres de Romances, etc. Vingt-deux pièces. — Très belles épreuves.

PRUDHOMME (H.).

331. Scène de la Saint-Barthélemy, d'après Paul Delaroche. — Belle épreuve.

PRUDHON (d'après).

332. Abrocome et Anzia, par Roger. — Très belle épreuve avant la lettre.
333. Aminta, Phrosine et Mélidor. Deux pièces par Roger. — Très belles épreuves.
334. Le Cruel rit des pleurs qu'il fait verser. — L'Amour réduit à la raison. Deux pièces gravées par Copia. — Belles épreuves.
335. Daphnis et Chloé, par Roger. — Très belle épreuve avant la lettre sur chine.
336. En jouir. — L'enflammer. Deux pièces par Copia et Beisson. — Belles épreuves.
337. La Vengeance de Cérès, par Copia. — Très belle épreuve avant la lettre.

338. La Vertu aux prises avec le Vice. — La Raison parle, et le Plaisir entraîne. Deux pièces par Roger. — Belles épreuves.

339. La Justice divine poursuivant le Crime, par Gelée. — Très belle épreuve avant la lettre. Encadrée.

340. Paris et Hélène, par Soulange Tessier. — Très belle épreuve avant la lettre. Encadrée.

341. Le Repentir. — Thémis. — Les Saisons. — Les Quatre parties du Jour. — Joseph. — Vénus et Adonis. Huit pièces lith. par Jules Boilly. — Belles épreuves.

342. Le fils de Gouvion de Saint-Cyr. — L'Enlèvement de Psyché. — La Vendange. — Une Famille malheureuse, etc., par Aub. Lecomte. Six pièces. — Belles épreuves.

RAFFET.

343. Combat d'Oued-Alleg. — Némésis. — Le Réveil. — Analyse de la Pensée. Quatre pièces. — Très belles épreuves.

344. Retraite de Constantine. — Sujets d'albums. — Tartares sortant de la Mosquée, etc. Vingt-six pièces. — Très belles épreuves.

RAJON (P.).

345. Portraits de Mrs Baldwin, d'après Reynolds, Mrs Siddons, d'après Gainsborough. — La Femme au Chapeau de paille, d'après Rubens. — Un Amour platonique, etc. Neuf pièces. — Belles épreuves.

REYNOLDS (W.).

346. Le Massacre des Innocents, d'après L. Cogniet. — Très belle épreuve avant la lettres sur chine.

RICHOMME (J.).

347. Adam et Ève, d'après Raphaël. — Belle épreuve.

348. Triomphe de Galatée, d'après Raphaël. — Très belle épreuve.

RUOTTE.

349. Portrait de Mademoiselle Raucourt. — Très belle épreuve avant toutes lettres.

SUDRE (R.).

350. L'Odalisque. — Andromède. — Portrait de M. Chérubini couronné par la Musique. Trois pièces d'après Ingres : la dernière est avant la lettre. — Très belles épreuves sur chine.

VEYRASSAT (J.).

351. Le Bac. — La Prière. — Le Tonnelier. — Soleil couchant, etc. Huit pièces. — Belles épreuves.

WALTNER (Ch.).

352. Portraits de Jac. Van Caestre, J. Schade, Baron de Vicq, Mme Bischoffsheim, etc. Six pièces. — Belles épreuves.

353. Tête de Bélier. — Portrait de Rembrandt. — Les Deux Cochers. — Repos, etc. — Sept pièces. — Belles épreuves.

SUPPLÉMENT

ASSELINEAU.

1. Meubles et Objets du Moyen Age et de la Renaissance. 57 planches.

ALLAIS.

2. La Prière, d'après Dubufe. — Épreuve avec la lettre.

ARMENGAUD.

3. Les Galeries publiques de l'Europe. *Rome, Paris*, 1866, pet. in-fol. dem. rel.

BALLIN (J.).

4. Ecole de Village, d'après Ostade, femme portant un enfant, d'après Goodall. — Deux épreuves d'artiste.

CHAPUY.

5. Le Moyen Age pittoresque. 180 planches lithographiées.

EICHENS (Herman).

6. Jésus ressuscitant la Fille de Jaïre, d'après G. Richter. — 2 épreuves d'artiste.
7. Le Golgotha, d'après J. Gérome. — 1 épreuve d'artiste sur chine et 5 avec la lettre.
8. Le Christ. — La Madeleine. — Mater Dolorosa, d'après P. Delaroche. Trois sujets. — 7 épreuves d'artiste.

9. Mater Dolorosa, d'après le Guide. — Le Christ, d'après S. del Piombo. — 5 épreuves d'artiste.

10. La Femme adultère, d'après A. Pordenone. — 2 épreuves d'artiste sur chine et blanc.

11. La Vierge dite de Séville, d'après Murillo. — 6 épreuves d'artiste sur chine, 6 avec la lettre et 1 eau-forte.

12. Immaculée Conception, d'après Murillo. — 4 épreuves d'artiste, 1 avant la lettre, sur chine, 5 avec la lettre et 1 eau-forte.

13. Enfance de Sainte Élisabeth de Hongrie, d'après L. Müller. 5 épreuves d'artiste, sur chine, 1 avant la lettre et 2 à l'eau-forte.

14. La Martyre chrétienne, d'après P. Delaroche. — Épreuve d'artiste.

15. L'Anneau des Fiançailles, d'après F. Willems. — 2 épr. d'artiste, 1 avec la lettre sur chine.

16. Le Puits qui parle, d'après A. Vely. — 4 épreuves d'artiste, 8 avec la lettre, sur chine.

17. Le Premier Pas, d'après A. Vely. — 4 épreuves d'artiste, 8 avec la lettre sur chine.

18. Le Signal, d'après Hellwig. — 1 épreuve d'artiste et 3 avant la lettre.

19. Le Portrait Parlant, d'après Schlesinger. — Le Violon de Crémone, d'après Müller. — 2 épreuves d'artiste.

20. Leçon de Danse, d'après Heilbuth. — 5 épreuves d'artiste, sur chine, 2 épreuves avant la lettre.

21. Les Amies de Pension, d'après Compte-Calix. — 3 épr. d'artiste, sur chine, 1 avec la lettre et 1 eau-forte.

22. Départ des Hirondelles, d'après Compte-Calix. — 4 épr. d'artiste.

23. La Dernière Rose, d'après Compte-Calix. — 1 épreuve d'artiste, 5 avant la lettre, 3 avec la lettre et 1 eau-forte.

24. Orpheline, d'après Compte-Calix. — 1 épreuve d'artiste, 2 avant la lettre, sur chine, 5 avec la lettre et 1 eau-forte.

25. Méditation, d'après A. Cot. — 3 épreuves d'artiste et 1 avant la lettre sur chine.

26. La Montre, d'après Toulmouche. — 1 épreuve d'artiste, 3 avant la lettre et 1 eau-forte.

27. La Bienfaisance, d'après E. Dubufe. — 7 épreuves d'artiste, sur chine,

28. Serment d'Amour, d'après Beyschlag. — 8 épreuves d'artiste, sur chine.

29. Faneuse, d'après C. Brochart. — 3 épreuves d'artiste.

30. Procida, d'après L. Robert. — 3 épreuves avant la lettre, 7 avec la lettre.

30 *bis*. Nettuno, d'après L. Robert. — Une épreuve avant la lettre.

31. Improvisateur Napolitain, d'après V. Maes. — Trois épreuves d'artiste et trois avec la lettre.

32. Favorite. — La Rêverie, d'après C. Brochart. — 2 sujets faisant pendants. — 12 épreuves avant la lettre.

33. Nous serons heureux, d'après A. Weisz. — 5 épreuves d'artiste, deux avec la lettre sur chine.

33 *bis*. Suis-je assez belle? d'après A. Weisz. — 3 épreuves d'artiste et deux avec la lettre, sur chine.

34. Albert Dürer, d'après Jacob. — Résurrection de la fille de Jaïre, le Christ et la Madeleine. — Salle d'armes des étudiants à Heidelberg, Portraits. — 14 épreuves lithographiés.

35. Vierge à la Chaise. — La Joconde. — La Siesta. — Tir en Westphalie. — Page. — Jeune Fille au faucon. — Joueuse d'orgue. — Miracle des Roses, etc. — 10 épreuves lithographiées.

EICHENS (Édouard).

36. Le Christ consolateur, d'après Begas. — L'Adoration des Mages, d'après Raphaël. — Sainte Famille, d'après G. Tunner. — Brigand italien endormi, d'après L. Robert. — 4 épreuves d'artiste et avec la lettre.

37. Frédéric II et sa sœur. — Frédéric II enfant, d'après Pesne. — Lavinia, d'après le Titien. — 3 épreuves d'artiste.

38. Frédéric-Guillaume IV, roi de Prusse. — La Reine de Prusse. — Gutenberg. — W. de Humboldt. — Navalis. — Rubens. — 7 portraits, épreuves d'artiste.

39. Compositions d'après les peintures de Kaulbach au musée de Berlin : Homère. — Destruction de Jérusalem. — Tour de Babel. — Fragments de frise. — 7 pièces avant la lettre, sur chine.

40. Deux compositions, d'après Kaulbach pour Shakespeare. — 3 épreuves d'artiste, sur chine,

41. Bas-reliefs, Diplômes. — 10 épreuves,

HENRIQUEL-DUPONT.

42. Portraits de MM. Brongniart, comte Duchâtel, Sauvageot et Tardieu. — 4 épreuves sur chine.

JACOBY (H.).

43. Protraits de l'Empereur et de l'Impératrice d'Autriche en pied, d'après Winterhalter. — Épreuves d'artiste, sur chine.

LANDSEER.

44. Landseer deer Stalking in the Highlands. — 3 épreuves à l'eau-forte et 3 en manière noire.

LANDSEER (d'après).

45. Chasseur au faucon. — Retour de la Garenne. — Renard et Canard, etc. — Neuf pièces à l'eau-forte.

LECOMTE (H.).

46. La Vierge dite la Perle, d'après Raphaël. — Épreuves d'artiste sur chine.

47. L'Enfant Jésus, d'après G. Maratte. — Épreuve d'artiste sur chine.

LEFEVRE (A.).

48. Immaculée-Conception, d'après Murillo. — Épreuve avec la lettre.

LUDERITZ (E.).

49. Enfant enlevé par un ange, d'après Kaulbach. — Prisonniers Polonais. — Pêcheur Napolitain. — Paysans Polonais. — Faust et Méphistophélès dans la Taverne. — 6 épreuves avant la lettre.

PAUQUET.

50. Saint Jérôme, d'après le Corrège (galerie de Dresde). — Cuivre : haut. 550 mill. ; larg. 398 mill. et 2 épreuves.

RAMBERT,

51. La Misère. — 8 planches avec texte.

TASSAERT.

52. Quatre portraits de femmes. — Dessinés à l'estompe.

TOPFFER.

53. Les Amours de Monsieur Vieux-Bois. — L'Histoire véritable de Monsieur Crépin, 1838. — Deux albums, contenant 170 planches.

VOGT (Ch.).

54. Huit différents portraits de Provost, de la Comédie-Française. — Épreuves sur chine.

Autre suite, sur blanc.

55. Vues de Chine et du Japon. — 33 fac-similés de dessins à la plume par la photolith. Korn à Berlin.

56. Vues de Chine. — Photolith. en couleur.

57. Voyage dans l'Inde, du Prince Soltikoff. 1841 à 1846. — 34 gravures lithographiées.

DREVET.

58. Portrait de Adrienne Lecouvreur, d'après Coypel. — Belle épreuve.

---

59. Sous ce numéro seront vendus différents lots de gravures et lithographies, aquarelles et dessins modernes, par Albruzzi, V. Adam, L. Cicéri, F. Goupil, Hull, T. Fort, etc.

Paris. — Typ. G. Chamerot, 19, rue des Saints-Pères. — 12458.

2/12 fr	Pour du beurre —	26 —
2 fr	moutarde	4 - 50
11 fr	Lessive	1 - 50
12 fr	Fromage, Lardon	2 - 50
6 fr	[illegible]	2 —
1	bottes fayer —	2 —
		38 - 50

Vogt — 1 lot 2 - 50 —
1 lot 2 - 50
1 lot — 3 —
1 lot — 10 —

18 —

www.ingramcontent.com/pod-product-compliance
Ingram Content Group UK Ltd.
Pitfield, Milton Keynes, MK11 3LW, UK
UKHW021119230726
13926UKWH00002B/561